마더 테레사

세상의 빛이 된 사람

마더
테레사

개정판 1쇄 발행 2023년 2월 1일
글쓴이 우봉규　**그린이** 최다희

펴낸곳 (주)중앙출판사　**주소** 경기도 고양시 일산동구 고봉로 32-9 625호
펴낸이 이상호
편집책임 한라경　**디자인** 박미림
마케팅 이홍철

등록 제406-2012-000034호(2011.7.12.)
문의 031-816-5887　**팩스** 031-624-4085
홈페이지 www.bookscent.co.kr　**이메일** master@bookscent.co.kr

- 이 책의 띄어쓰기와 맞춤법은 국립국어원의 기준에 따랐습니다.
- **사진 자료 제공** 김대중평화센터, 정민(요한) 수사님, 주호식 신부님, 고수남 님, 김용선 님

ISBN 979-11-92925-00-4 73900

| **모델명** | 마더 테레사 | **제조년월** | 2023 02. 01. | **제조자명** | (주)중앙출판사 | **제조국명** | 대한민국 |
| **주소** | 경기도 고양시 일산동구 고봉로 32-9 625호 | **전화번호** | 031-816-5887 | **사용연령** | 10세 이상 |

책내음은 (주)중앙출판사의 유아·아동 브랜드입니다.

세상의 빛이 된 사람

마더 테레사

책내음 교과서 인물 시리즈

우봉규 글 | 최다희 그림

책내음

사랑을 가르쳐준 가난한 여인

테레사 수녀는 사람들을 돕는 것에 대해 이렇게 말했습니다.
"우리가 하는 일이 태평양의 물 한 방울 정도로 작은 일이라는 것을 압니다. 그러나 이 물 한 방울이 태평양에 있지 않다면 태평양의 물은 한 방울이 줄어들겠지요. 우리가 '어린이 집'과 '영생의 집'을 세워 물 한 방울 만큼 작은 일을 했기 때문에 몇몇 사람들이 길에서 죽지 않게 되었습니다."

테레사 수녀는 사랑의 선교회를 만들어 매일 새벽 4시 30분에 일어나 산파들이 데려오는 유아, 쓰레기통에서 건져오는 죽음 직전의 아이, 거리에서 쥐와 개미에 몸을 파먹힌 채 죽어 가는 나환자 등 보호가 필요한 곳이면 언제 어디서든 사랑의 손길을 뻗쳤습니다.

이렇게 시작된 사랑의 선교회는 현재 119개국에서 557개의 사랑의 집을 운영하고 있습니다. 작은 물방울이 모여 태평양처럼 커다란 사랑의 결실을 맺은 것입니다.

　노벨 평화상, 케네디 인권상, 인도 최고의 바라트라트나 훈장……. 세상은 '가난한 이의 어머니' 테레사 수녀에게 화려한 영예를 안겨 주었습니다. 그렇지만 테레사 수녀는 1979년 노벨 평화상 수상 때 '수상 축하 파티를 열지 않는 대신 그 비용을 가난한 사람을 위해 쓴다'는 조건을 내걸고 수상식장에 모습을 드러냈을 정도로 영광조차 가난한 사람들의 '양식'으로 돌렸습니다.

　테레사 수녀는 50년 넘게 빈민가를 지키며 세상 모든 사람들에게 위대한 사랑을 가르쳐 주고 하느님 곁으로 돌아갔습니다.

　테레사 수녀는 우리 곁을 떠나면서 이런 말을 남겼습니다. 어린이들이 이 말을 기억하고 이웃을 사랑했으면 좋겠습니다.

　"가난한 이들이 간절하게 바라는 것은 의식주가 아니라 따뜻한 사랑입니다. 그들이 늘 괴로운 것은 가난 때문에 버려졌기 때문입니다."

2014년 초여름 우봉규

차례

수녀가 될래요 8
유럽의 화약고 발칸반도

수녀가 되는 길 16
왜? 테레사라는 이름을 지었을까?

감사합니다 26
테레사 수녀가 사랑했던 나라, 인도

하느님의 부르심 32
마더 테레사가 인도에 있을때 인도에서는 무슨 일이 있었을까?

사랑의 선교회의 탄생 40
테레사 수녀가 세운 사랑의 선교회

하늘에서 내려온 성녀 50
인도의 종교

세상에서 가장 가난한 사람 60
나병환자들을 위한 집

자비로운 사랑 69
착한 일을 하면 건강해 진대요!

테레사 수녀가 만난 사람들 76
테레사 수녀의 9가지 좌우명
테레사 수녀가 남긴 말

서로 사랑하세요 88
마더 테레사 하우스와 테레사 수녀 기념관

노벨 평화상 96
노벨 평화상은?

마더 테레사가 우리에게 남긴 것 106
테레사 수녀의 한국 방문

수녀가 될래요

　이 세상에는 빛이 있습니다. 빛은 우리가 만나는 어떠한 고난보다 더 강력한 힘이지요. 힘든 일을 겪고 있을 때 우리는 따듯하게 다가오는 빛의 힘을 느낄 수 있습니다. 전 세계에 이런 따듯한 빛을 전해준 사람이 있습니다. 바로 캄캄한 고통 속에 빠져 있는 사람들을 사랑했던 마더 테레사입니다.

　가난한 이들을 사랑했던 마더 테레사는 마케도니아

스코페에서 태어났습니다. 예쁜 막내딸이 태어나자 알바니아인 부모는 '꽃망울(아녜스 곤히아 브약스히아)'이라는 이름을 지어 주었습니다. 아버지 니콜라 브약스히아는 원래 프리즈렌 출신이었고 1900년부터 현재 마케도니아 수도인 스코페에서 살았습니다. 니콜라 브약스히아는 처음에는 약사로, 그 다음에는 건축가로 일하다가 친구와 함께 사업을 시작했습니다. 어머니 드라나는 결혼할 당시 열여섯 살 밖에 되지 않았습니다. 남편보다 열

여덟 살이나 어렸습니다. 1905년에 언니 아게가 태어났고, 삼 년 뒤 오빠인 라자르가 태어났습니다. 다시 2년 뒤인 1910년 8월 26일에 딸 아녜스, 즉 테레사 수녀가 태어났습니다.

아녜스는 독실한 가톨릭교 신자였던 어머니 밑에서 언니 아게, 오빠 라자르와 어울리며 행복한 어린 시절을 보냈습니다.

아녜스는 어머니에게서 남을 배려하고, 이웃을 사랑하는 마음을 배웠습니다. 아녜스의 어머니는 정원의 풀 한 포기, 꽃 한송이도 함부로 꺾지 않는 분이었습니다. 언제나 기도할 때면 아녜스를 데리고 교회에 갔고, 그곳에서 다른 사람을 위해 기도하는 법을 가르쳤습니다. 꽃망울, 곤히아는 작은 두 손을 모으고 다른 사람을 위해 기도하는 것이 얼마나 행복한 것인가를 배웠습니다.

유복하고 평화로운 시절을 보내던 어느 날 아녜스의 아버지가 의문의 죽음을 당하고 그 와중에 함께 사업을 하던 친구마저 배신을 하는 바람에 아녜스의 집은 순식간에 가난해졌습니다. 아녜스가 9살 때의 일이었습니다. 어머니는 옷과 직접 만든 물건들을 파는 일로 삼 남매를 키우며 어렵게 생계를 이어갔습니다. 홀로 자식들을 키우게 된 어머니는 성당 안에서 자식들을 키우기로 결심하고 늘 아이들을 성당으로 이끌었습니다.

그러나 남편도 없이 아이 세 명을 키우면서 빠듯한 살림을 꾸려나가는 데는 많은 어려움이 따랐습니다. 그런데도 어머니는 부유할 때와 마찬가지로 자신보다 더 가난한 사람들을 도와주었습니다.

어느 날 아녜스의 오빠 라자르가 물었습니다.

"아녜스는 커서 뭐가 되고 싶니?"

아녜스는 맑은 눈동자를 굴리며 태연하게 대답했습니다.

"저는 집도 없고, 먹을 것도 없는 가난한 사람들을

돕는 사람이 되고 싶어요."

어머니와 오빠는 그런 아녜스에게 따뜻한 미소를 지었습니다.

아녜스는 자라면서 기도뿐만 아니라 성경 말씀에도 귀를 기울이게 됩니다. 그리고 수녀가 되고 싶다는 꿈을 꾸기 시작합니다. 어머니는 처음에 아녜스가 수녀가 되는 것을 반대했습니다. 수녀가 되기에는 너무 어

리다는 이유였지요.

"어머니 전 어리지 않아요. 전 꼭 수녀가 되어 이웃을 사랑하라는 하느님의 말씀을 실천할 거에요."

"아직 너는 배울 것이 너무 많아. 지금은 나와 함께 기도만 열심히 하자."

어머니는 착한 심성의 아녜스가 그냥 하는 말이라고 생각했습니다.

그러나 6년 뒤 아녜스가 수녀가 되고 싶다는 뜻을 다시 이야기하자 어머니는 더 이상 말리지 않았습니다.

"너의 손을 예수(사람을 구원하기 위해 사람의 몸으로 이 땅에 온 하느님의 아들)의 손에 얹고 예수만 따라가라."

어머니가 그렇게 말하자 아녜스가 방긋 웃으며 대답했습니다.

"평생 예수만을 따르겠습니다."

그리고 아녜스는 어머니와의 이 약속을 죽을 때까지 지켰습니다.

유럽의 화약고
발칸반도

　마더 테레사는 유럽의 화약고라고 불리우는 발칸반도의 스코페라는 도시에서 태어났어요. 스코페라는 도시는 지금은 마케도니아의 수도이지만 테레사 수녀가 태어났을 때(1910년)에는 유고슬라비아 공화국에 속해 있었어요.
　발칸반도는 종교와 문화가 다른 여러 나라가 함께 있어서 전쟁이 여러 번 일어났어요. 때문에 언제 전쟁이 터질지 모른다는 의미로 유럽의 화약고라고 불리지요.
　세르비아, 몬테네그로, 슬로베니아, 크로아티아, 보스니아-헤르체코비나, 마케도니아 등이 속한 이 지역은 원래 유고슬라비아, 즉 연방제 국가에 속해 있었어요. 하지만 강력한 지도력을 지닌 티토 대통령이 죽자 여러 국가로 나뉘어졌지요.
　제1차 세계 대전이 끝나고 발칸반도도 평화의 길로 들어서는 듯했지만 앞에서 살펴본 바와 같이 유고슬라비아 연방이 1990년 이후에 없어지고 여러 국가로 나뉘어지면서 다툼이 생겼고, 또 다시 전쟁이 일어났어요. 세르비아계가 일으킨 보스니아 내전(1992~1995)으로 25만 명의 사람이 죽었고, 코소보 사태(1993~1999)로 수많은 사람이 죽었어요. 아직 발칸반도는 전쟁의 상처가 남아 있어요.

테레사 수녀가 태어난 도시,
스코페

스코페는 마케도니아에서 제일 큰 도시로 마케도니아 인구의 25%이상이 살고 있어요. 스코페는 다양한 문화유산들을 간직하고 있고, 금속처리, 화학, 목재, 직물, 가죽 관련 산업이 발전했어요. 테레사 수녀를 기념하기 위해 세운 테레사 수녀 기념관도 스코페에 있어요.

수녀가 되는 길

아녜스는 로레토 수녀회에 입회하기로 결심했습니다. 당시 로레토 수녀회는 인도 벵골에 수녀원을 두고 활발한 선교활동을 벌이고 있었습니다.

머나먼 인도로 가서 사람들을 돕고 싶다는 아녜스의 말에 어머니는 깜짝 놀랐습니다. 하지만 곧 아녜스가 인도를 향해 커다란 사랑을 가지고 있다는 것을 알고 허락해 주었습니다.

당시에 인도는 영국의 식민지로 아주 가난한 나라 중

하나였습니다. 인도의 고통받는 사람들을 돕겠다는 마음으로 아녜스는 차근차근 로레토 수녀회에 들어갈 준비를 시작했습니다.

한창 세상에 호기심이 많을 18살의 나이에 아녜스는 크로아티아의 수도 자그레브까지 배웅 나온 가족들과 이별을 하고 수녀원장의 면접을 받기 위해 파리로 떠났습니다.

아녜스는 수녀원장과의 면접을 잘 치르고 아일랜드로 가서 몇 주일 동안 머물며, 수녀가 되기 위한 훈련과 영어 공부를 했습니다.

이렇게 예비 수녀로 6주 동안 수련을 마친 아녜스는 1928년 12월 1일, 드디어 인도로 가는 배에 몸을 실었습니다. 크리스마스와 새해를 배에서 보내며 아녜스는 인도의 가난한 사람들을 생각했습니다. 그들에게 사랑의 손길을 베풀고 싶다는 꿈이 가까이 다가오고 있었습니다.

1929년 1월 6일, 배는 인도 콜카타에 도착했습니다.

그 당시 인도는 그야말로 가난한 사람들만 있었습니다. 몇몇 신분이 높은 사람들을 제외하면 대다수가 집 없이 굶주리거나, 병들거나, 글자를 모르는 사람들이었습니다. 세계에서 가장 가난한 나라였지요.

아녜스는 콜카타의 로레토 수녀원에서 5개월 동안 생활한 뒤, 1929년 5월 23일 정식으로 수녀가 되었습니다.

수녀가 되면, 지금까지 사용하던 이름 대신 수녀로서의 이름을 사용하게 되는데 아녜스는 수녀로서의 이름을 테레사로 바꾸었습니다. 이 이름은 프랑스의 리지외라는 도시에 있는 소화 테레사 수녀의 이름을 딴 것인데, '소화 테레사 수녀'는 작은 사랑들을 실천해 아기 예수의 테레사라고도 불렸습니다. 테레사 수녀는 리지외의 테레사 수녀가 배푼 사랑에 감동해서 그녀의 이름을 붙인 것입니다.

 테레사 수녀가 정식 수녀가 되어 처음 맡은 일은 수

녀회가 운영하는 성마리아 고등학교에서 아이들을 가르치는 것이었습니다. 테레사 수녀는 지리 과목을 가르치며, 힌두어와 벵골어(인도의 벵골 주와 방글라데시의 공용어)를 공부했습니다. 인도인들에게 봉사를 하기 위해서는 그

나라의 언어를 반드시 알아야 했기 때문이었습니다.

지리 수업을 즐거워했던 테레사 수녀는 학교에서 보내는 시간이 행복하고 편안했지만 시간이 갈수록 평화로운 수녀원과 달리 담장 밖 빈민가의 참담한 거리에

마음이 쓰였습니다. 거리에는 가난한 사람들과 병으로 죽어 가는 사람들이 가득 차 있다는 사실을 알고 있었던 것이지요. 그래서 그녀는 기회가 있을 때마다 거리로 나가 어른과 아이들을 돌보았고, 수녀원에 있는 음식과 약을 가져다가 나누어 주기도 하였습니다.

그러던 중 인도에는 또 다시 전쟁이 일어났습니다. 전쟁으로 부모를 잃은 아이들은 길거리에서 울고, 학생들은 점점 줄어들었습니다. 테레사는 어린 학생들을 붙잡고 당부했습니다.

"무슨 일이 있어도 글자는 배워야 한다."

그러나 학생들은 고개를 흔들었습니다.

"벌써 이틀을 굶었어요. 선생님."

테레사는 학생들의 말을 듣고 수업을 중단했습니다. 그리고 빵을 구하러 학교 밖으로 뛰쳐나갔습니다. 테레사 수녀는 관청에도 호소하고, 다른 수녀회에서 음식을 가져오기도 했습니다.

위험한 전쟁 속이었지만, 아이들을 사랑하는 마음으로 음식을 가지러 밖으로 나갔던 것입니다.

죽음을 무릅쓰고 가르쳤던 학생들은 무사히 학교를 졸업했고, 훗날 테레사 수녀와 함께 가난한 사람들을 돕게 됩니다.

왜? 테레사라는 이름을 지었을까?

▲ 마더 테레사와 베네딕도 6세 교황

'테레사'라는 이름은 프랑스의 리지외라는 도시에 있는 카르멜 수녀회의 수녀의 이름을 딴 것이었어요.

리지외의 테레사 수녀는 프랑스 북서부 바스노르망디의 알랑송에서 시계 제조업을 하던 루이 마르탱과 젤리 게랭의 아홉 자녀 중 막내딸로 태어났어요. 성녀 테레사의 원래 이름은 마리 프랑스와즈 테레즈 마르탱이에요.

그녀는 4살이 채 못 되어 어머니가 돌아가시자 아버지와 함께 오빠가 사는 리지외로 이사를 와서 평생 리지외에서 살았어요. 15세에 리지외의 카르멜 수녀원에 입회했고 그 뒤로 9년 반 동안 카르멜 수녀회에서 지냈어요. 리지외의 테레사 수녀는 '하느님을 위해 작은 일부터 사랑의 마음으로 즐겁게 실천한다.'라는 뜻을 세우고 모든 사람들에게 하느님의 사랑을 전하려고 애썼어요. 자기가 할 수 있는 작은 일을 통해 큰 사랑을 실천한 것이지요. 그러던 중 결핵이라는 병이 걸렸지만 마지막까지 사랑을 실천했어요.

리지외의 테레사 수녀는 22살이라는 어린 나이에 하늘나라로 가게 되었어요. 카르멜 수녀회는 돌아가신 수녀의 일기장을 출판하는 전통이 있었기 때문에 테레사 수녀가 죽은 일 년 뒤에 수녀의 일기장을 출판했어요.

수녀원에서만 읽혀지던 이 자서전은 큰 인기를 얻었고, 사람들은 테레사 수녀의 하느님을 향한 사랑과 이웃을 위한 사랑에 많은 감동을 받았어요. 그래서 책은 세계 여러 나라로 번역 되어서 출판되었어요.

세계 곳곳에서도 테레사 수녀의 책은 사람들을 감동시켰고, 교황은 테레사 수녀가 죽은 지 28년이 지난 1925년 5월 17일에 테레사 수녀를 '아기 예수의 성녀 테레사'로 선포했어요.

성녀 소화데레사
전교의 대주보여,
저희를 위하여 빌으소서.

감사합니다

　테레사 수녀가 성마리아 고등학교 교사로 있을 때, 거리로 나선 그녀는 한 병든 여인을 발견했습니다. 그리고 그것이 그녀의 인생에 커다란 전환점이 되었습니다. 19세기의 성녀 테레사를 있게 한 시작이 되는 것이지요.
　거리의 여인은 병들어서 엎어져 있었는데 그런 자세로 아주 오랜 시간을 보낸 모양이었습니다. 그녀는 발걸음을 멈췄습니다. 그 여인을 돌보는 사람은 아무도 없었으며, 심지어 몸의 한쪽이 썩어 가고 있었습니다.

'사람으로 태어나서 이런 모습을 보고 지나칠 수 없다.'라고 생각했지만 테레사 수녀는 다시 고개를 저었습니다. 도와줄 자신이 없었던 것입니다. 길거리의 쥐들은 여인의 썩은 살을 파먹고 있었습니다. 차마 눈을 뜨고는 볼 수 없는 광경이었습니다. 테레사 수녀의 눈에 눈물이 흘러내렸습니다. 테레사 수녀는 그 자리에 주저앉았습니다. 그리고 두 손을 앞으로 모으고 기도를 하기 시작했습니다.
 '내가 무엇을 할 수 있단 말인가?'

그녀는 일어섰습니다. 그러나 마음과 달리 발걸음을 옮길 수 없었습니다. 무언가 그녀의 몸과 마음을 잡아당겼습니다.

'네가 도와주어야 한다.'

그녀는 순간적으로 고개를 저었습니다.

'하느님 저는 못해요!'

그때 다시 음성이 들렸습니다.

'내가 도와도 못하겠느냐?'

거역할 수 없었습니다. 테레사 수녀는 그 병든 여인을 업고 수녀원으로 데리고 와서 돌보기 시작했습니다. 그 여인의 건강은 최악의 상태였습니다. 쥐가 파먹던 몸을 구더기가 파먹고 있었습니다. 테레사 수녀는 자신이 할 수 있는 일을 다 하였습니다. 테레사 수녀가 그 여인을 침대에 눕히자 여인은 테레사 수녀의 손을 꼭 잡았습니다. 여인의 얼굴에는 아름다운 미소가 흘렀습니다. 사람의 얼굴에서 그런 미소를 본 적이 없었던 것 같았습니다. 그런데 그것도 잠시 그 여인은 다음과 같은 말 한마디를 남기고 숨을 거두었습니다.

"감사합니다."

테레사 수녀는 잠시 그 여인을 쳐다보면서 생각에 잠겼습니다.

그리고 자신에게 물었습니다.

'내가 만일 이 사람이었다면 나는 어떻게 했을까?'

'나에게만 관심을 가져 주세요' '나는 추워요' '나는 배가 고파요' 또는 '나는 죽어 가고 있어요' 라고 했을 것 같았습니다.

그러나 그 여인은 그렇게 말하지 않았습니다. 그 여인은 테레사 수녀에게 한 마디만 남겼습니다.

"감사합니다."

그 말 한 마디로 테레사는 비로소 절실하게 남을 이해하는 마음을 갖게 되었습니다. 그녀가 세상의 빛이 되는 장엄한 출발이었습니다.

테레사 수녀가
사랑했던 나라, 인도

영국의 식민지였던 인도

　테레사 수녀가 인도로 갔을 때, 인도는 영국의 식민지였어요. 우리나라가 일본의 식민지로 고통받았던 것처럼 인도도 영국의 식민지로 어려움을 겪었지요.
　16세기 이후에 유럽에서는 인도의 향신료가 인기를 끌었고, 수많은 유럽 상인들이 인도에 와서 면화, 차, 향신료를 사 갔어요. 당시에는 유럽의 강대국들이 다른 나라들을 식민지로 삼는 경우가 많았는데, 인도는 프랑스와 영국 두 나라가 서로 식민지로 차지하려고 싸움을 일으켰어요.
　1757년, 영국이 프랑스와의 전투에서 승리함으로써, 인도를 차지하게 되었지요.

가난해진 인도 사람들

영국은 인도에서 면화를 강제로 재배했어요. 게다가 나무를 엄청나게 베어 인도의 많은 숲이 파괴되었어요. 값싼 영국의 면제품이 들어오면서 인도의 많은 섬유 공장이 문을 닫았고, 수공업자들은 일자리를 빼앗겼어요.

그 후 영국은 인도에서 값싸게 면화를 사들여 영국에서 면직물을 만들어서 다시 인도에 팔았어요. 영국 사람들은 점점 부자가 되었고, 인도 사람들은 점점 가난해졌죠.

1947년 8월 15일, 인도의 독립

인도의 독립운동은 19세기 말부터 시작되었어요. 그리고 1919년 간디가 독립운동을 주도하게 된 후 인도의 독립운동은 전국으로 퍼져나갔죠. 간디는 폭력을 쓰지 않는 독립운동으로 세계의 언론에 알려지게 되었고, 여러 나라들이 간디의 독립운동을 지지하기 시작했어요. 그리고 1947년 8월 15일 인도는 드디어 독립을 했어요. 하지만 독립한 후에도 종교전쟁이 끊이지 않아 어려움을 겪었어요.

하느님의 부르심

　1937년, 테레사 수녀는 성마리아 고등학교의 교장이 되었습니다. 하지만 열악한 환경 속에서 산더미처럼 쌓인 일을 처리하느라 그만 쓰러지고 말았습니다.
　가뜩이나 몸이 허약했던 테레사 수녀는 결핵이라는 병까지 걸려 히말라야 기슭의 다르질링으로 요양을 가게 되었습니다.
　1946년 9월 10일 다르질링으로 가는 기차에서 테레사 수녀는 누군가 자신을 부르는 목소리를 들었습니다.

목소리는 테레사 수녀에게 가난한 사람들을 위해 새로운 일을, 보다 중요한 일을 시작하라고 말하고 있었습니다.

'아, 이것은 하느님이 내게 하시는 말씀이 분명하다.'

테레사 수녀는 확신했습니다. 그리고 다르질링에서 기도를 하는 동안 줄곧 이 말씀에 대해 생각했습니다.

'하느님이 명령하신 새로운 일이란 내가 수녀원을 떠나 빈민들과 함께 살면서 그들을 돕는 일이다.'

테레사 수녀는 훗날 당시의 일을 생각하며 이렇게 말했습니다.

"그 목소리가 너무나 분명했기 때문에 '예'라고 대답할 수밖에 없었어요. 나는 모든 것을 포기하고 예수님을 따라 빈민가로 갔습니다. 가장 가난한 사람들 안에 계신 예수님을 위해 일하기 위해서였습니다."

테레사 수녀는 다르질링을 다녀와서 수녀원을 떠나겠다고 선언했습니다.

그러나 테레사 수녀는 로레토 수녀회에 속해 있는 수녀였으므로 수녀원 밖으로 나가 봉사를 하려면 교회법상 까다로운 절차를 거쳐야만 했습니다. 테레사 수녀는 주교님을 찾아가서 부탁했습니다.

주교님은 탐탁치 않아 하며 말했습니다.

"꼭 그렇게 할 필요는 없지 않습니까? 도대체 왜 그렇게까지 하려는 건가요?"

그러자 테레사는 이렇게 대답을 했습니다.

"하느님이 하라고 하셨습니다. 그래서 하려고 합니다."

주교님은 더 이상 할 말이 없었습니다. 그리고 곧바로 로마 교황청에 연락하였습니다. 그러나 교황청으로부터 최종 허락을 받는 데는 무려 2년이라는 시간이 걸렸습니다.

긴 기다림 끝에 테레사 수녀는 인도 빈민가로 나가

사람들을 도울 수 있도록 허락받았습니다.

테레사 수녀는 두껍고 무거운 검정색 유럽식 수도복을 벗어 버리고, 그 대신 인도 농촌의 부녀자들이 입는 흰색 사리로 갈아입었습니다. 그리고 그 옷에 하늘색 줄무늬를 띠웠습니다.

테레사 수녀는 작은 십자가와 묵주를 손에 들고 판엑셈 신부를 찾아가 축복을 받았습니다.

조용히 기도를 드린 테레사 수녀는 마침내 높은 담장을 벗어나서 가난하고 병든 사람들의 세상으로 들어갔습니다.

하지만 테레사 수녀는 곧바로 빈민가로 가지 않았습니다. 수많은 가난한 사람들이 병으로 고통받고

있었기에 그들을 돌보아 주는 법을 배우는 것이 필요했기 때문입니다.

테레사 수녀는 의료 선교 수도회인 '성가족 병원'에서 몇 달 동안 일하기로 했습니다. 성가족 병원에는 의사, 간호사, 약사, 영양사 등의 자격을 갖춘 수녀들이 일하고 있었습니다.

테레사 수녀는 이곳에서 콜레라 환자, 천연두 환자,

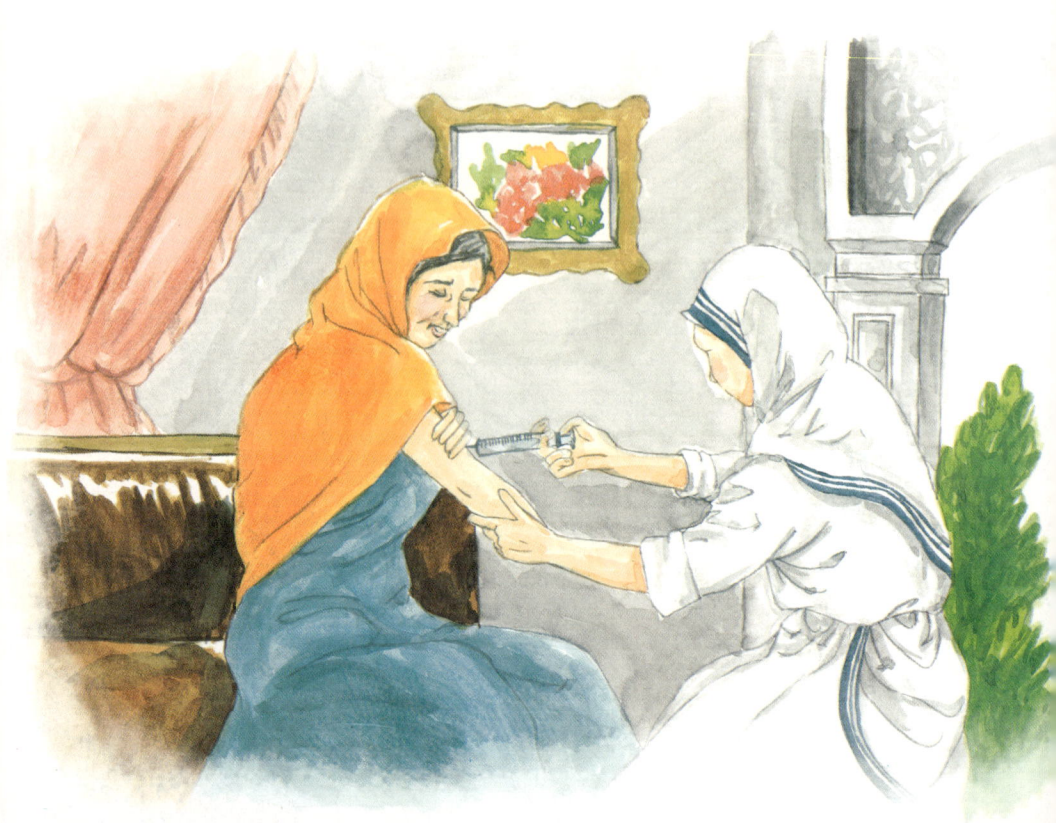

전염병과 전쟁에 상처 입은 사람 등 아픈 사람들을 돌보았고, 주사 놓는 방법, 약 처방하는 방법, 아기 낳는 부인을 간호하는 방법 등도 배웠습니다.

  테레사 수녀는 가난한 사람들, 그 중에서도 특히 병든 사람들을 이해하고 위로하려 애썼습니다. 수녀원에서 아이들을 가르치던 것보다 훨씬 힘들었지만, 그녀는 얼굴 한번 찌푸리지 않고 열심히 배웠습니다.

  약속했던 시간이 끝나고 테레사 수녀는 콜카타로 돌아가게 되었습니다. 테레사 수녀가 떠나던 날, '성가족 병원'의 수녀들은 테레사 수녀에게 튼튼한 샌들을 선물해 주었습니다.

  1948년 12월, 테레사 수녀는 콜카타행 기차에 올랐습니다. 콜카타의 가난한 사람들과의 생활이 테레사 수녀를 기다리고 있었습니다.

마더 테레사가 인도에 있을 때 인도에서는 무슨 일이 있었을까?

간디의 소금 행진

영국은 식민지 인도에서 소금을 만들고 파는 것을 금지하는 소금법을 시행하고 있었어요. 영국에서 만든 소금을 인도인들에게 비싸게 팔려는 이유였지요.

당시에 61세였던 간디는 영국산 소금만 수입하게 한 정책에 반대하며 지원자 78명과 24일 동안 360km를 걸어 인도 서쪽 해안, 받사가에서 직접 소금을 채취했어요.

78명과 함께 걷기 시작했지만 서쪽 해안까지 다 왔을 때는 2마일에 이르는 긴 행렬이 되었고, 전 세계에 폭력을 사용하지 않는 간디의 저항이 알려지게 되었어요.

이 사건 이후 간디는 '위대한 영혼의 소유자'라는 뜻을 지닌 '마하트마'라는 칭호를 얻게 되었고, 1년 뒤에 소금법은 없어지게 되었어요.

벵골 지방의 기근

1942년 10월까지 인도는 한 차례의 사이클론과 세 차례의 해일 피해를 입었어요. 거기다 병해충 피해까지 있어서 그나마 버틴 농작물들마저 죽어 버렸지요.

식량이 부족해지자 식량의 가격이 계속 올라갔고, 일반 시민들은 식량을 살 수 없는 지경에 이르렀어요.

　인도를 식민지로 삼고 있던 영국은 전쟁 중이라 영국에 있는 사람들도 먹을 것이 없다는 이유를 들어 지원을 하지 않았고, 많은 벵골 주민들이 굶어서 죽게 되었어요. 이때 먹을 것을 구하지 못하고 죽은 사람들은 200~300만 명 정도로 추산하고 있어요. 이 사건을 계기로 인도인들의 영국 정부에 대한 불신이 깊어졌어요.

카슈미르 전쟁

인도와 파키스탄은 원래 같은 나라였어요. 하지만 1947년 8월에 영국에서 각각 다른 나라로 독립하며 두 나라가 되었지요.

　인도는 주로 힌두교를 믿고 있고, 파키스탄은 이슬람교를 믿는데 카슈미르 지역이 인도의 땅이 되면서 싸움이 나기 시작했어요. 이 지역에 사는 사람들은 70%가 이슬람교를 믿고 있기 때문이에요.

카슈미르에 사는 이슬람교인들은 인도에서 독립하기 위해 전쟁을 시작했고, 파키스탄과 인도의 전쟁으로 이어졌어요. 1947년 10월에 일어난 카슈미르 전쟁은 1949년 1월 유엔 감시 아래 끝났어요. 두 나라가 나누어서 카슈미르를 점령하기로 했지만 1965년, 1971년에도 전쟁이 일어났고, 끊임없이 테러 사건이 일어나고 있어요.

　유엔은 정전협정을 잘 지키고 있는지 감시하기 위해 인-파정전감시단(UNMOGIP)을 운영하고 있어요. 한국군도 1994년 10월부터 감시요원을 파견해 활동하고 있어요.

사랑의 선교회의 탄생

테레사 수녀는 단돈 5루피(약 1백20원)만 가지고 수녀원을 나왔습니다.

빈민가로 나온 테레사 수녀는 수녀원 바로 옆의 빈민굴 모트지힐에서 학교를 열었습니다. 하루 종일 일만 하던 아이들이 공부를 하면 나중에 다른 직업을 얻을 수 있을 것이라는 생각에서였습니다.

칠판도 연필도 없었지만 테레사 수녀는 붉은 땅바닥

에 나무 막대기로 알파벳을 써가며 아이들을 가르쳤습니다. 아이들은 하나둘씩 늘어났고, 마을 사람들도 학교에 필요한 여러 물건들을 가지고 왔습니다.

테레사 수녀는 학교 수업을 마친 오후에는 길거리에서 죽어 가는 환자들을 데려다가 돌보아 주었습니다. 이 소문은 순식간에 퍼져 테레사 수녀가 있는 곳은 연일 도움의 손길을 기다리는 거지와 병자, 사경을 헤매는 노인들로 가득 찼습니다.

당시 인도는 제2차 세계 대전 이후 200년간 이어졌던 영국의 식민지 지배를 벗어났지만, 독립의 기쁨을 누릴 시간도 없이 종교적·정치적인 이유로 곳곳에서 전쟁이 벌어지고 있었습니다. 또한 대부분 힌두교를 믿는 인도인들은 가톨릭교인 테레사 수녀의 봉사의 손길을 선교활동이라고 여겨 적대시했습니다.

이런 상황에도 테레사 수녀는 제대로 먹지도 못하고, 병을 치료받을 수 없는 가난하고 불쌍한 사람들을 돕기 위해 팔을 걷어 붙였습니다.

  테레사 수녀는 죽기 직전에 자신을 찾아온 사람들에게 그 사람들이 죽기 전에 믿고 있던 종교에 따라 장례식을 치러 주기 시작했습니다. 힌두교인에게는 갠지스 강에서 떠온 물을 나눠 주고, 이슬람교인에게는 이슬람교 경전인 코란을 읽어 주었습니다. 종교에 상관없이 죽어 가는 사람들에게 안식을 주는 그녀의 행동은 인도인들에게 큰 호응을 얻기 시작했습니다.

  어느 날, 테레사 수녀가 병에 걸려 누워 있을 때, 힌두교인 남성에게 다음과 같은 편지가 오기도 했습니다.

> 수녀님을 의지하고 있는 사람들이 매우 많습니다.
> 한시라도 빨리 회복하시기를 칼리 여신에게 기도하고 있습니다.

  종교가 다른 사람들도 테레사 수녀를 존경하고 있었

던 것입니다.

테레사 수녀가 빈민가에서 사람들을 돕고 있다는 소식이 성마리아 학교에서 가르쳤던 제자들에게까지 알려졌습니다. 그러자 스바시닌다스를 시작으로 제자들이 한두 명씩 테레사 수녀를 돕겠다고 찾아왔습니다. 테레사 수녀는 가난한 사람들을 돕기 위해 자신을 찾아온 사람들에게 청빈, 순결, 순종 세 가지 기본 원칙을 지키게 하는 한편, 아픈 사람들을 간호하고 돕는 방법과 자신의 몸을 지키는 방법 등을 가르쳤습니다. 이 규칙들은 지금까지 지켜지고 있습니다.

점점 함께하는 수녀들이 많아지자 테레사 수녀는 이 모임의 이름을 '사랑의 선교회'라고 짓고 이 모임의 목적과 규칙을 대주교에게 자세히 보고했습니다. 이 모임의 목적은 '가난한 사람들 가운데서도 가장 가난한 사람들에게 마음으로부터 봉사하는 것'이었습니다. 대주교는 테레사 수녀의 보고서와 그 밖의 여러 가지 자료

를 검토한 결과, 테레사 수녀의 생활이 참으로 하느님의 뜻을 따른 사랑의 삶이라는 것을 확신할 수 있었습니다.

 1950년 10월 7일, 마침내 '사랑의 선교회'는 로마 교황으로부터 허가를 받아 정식 수녀회로 인정받게 되었습니다. 그녀가 마더 테레사로 불리게 된 것은 바로 이 때부터입니다.

사랑의 선교회는 설립된 지 반세기가 지난 오늘날 놀랍게 발전했습니다. 테레사 수녀도 오늘과 같은 모습은 상상할 수 없었을 것입니다. 작고 연약한 한 소녀가 오직 가난한 사람들을 위해 봉사를 실천했던 것이 온 인류의 미래를 바꿀 수 있다는 믿음을 준 것입니다. 그녀가 보여 준 봉사의 모습은 캄캄한 밤중을 헤매는 사람들에게 믿고 의지할 수 있는 등불이 되었습니다.

　현재 사랑의 선교회는 전 세계 123개국에 566개의 구호시설을 운영하고 있으며, 5천여 명의 수녀와 약 500여 명의 수사들이 봉사활동을 하면서 수도 생활을 하고 있습니다. 그 밖에도 사랑의 선교회에서 자원봉사를 하고 있는 사람들이나 선교회를 여러 방법으로 돕고 있는 국제 협력자 조직의 회원까지 포함시킨다면 그 숫자는 실로 엄청납니다.

테레사 수녀가 세운
사랑의 선교회

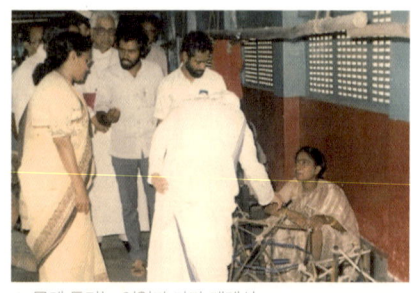

▲ 물레 돌리는 여인과 마더 테레사

사랑의 선교회는 테레사 수녀의 제자였던 스바시닌다스가 처음 입회하면서 시작되었어요. 이 소식을 들은 성마리아 고등학교 제자들이 속속 사랑의 선교 수녀회로 들어왔어요.

교황청에 정식으로 허락을 받은 사랑의 선교회는 힌두교 순례자들이 이용하던 숙소를 콜카타 시로부터 지원 받아 니라말 히르데이(죽어 가는 사람들을 위한 집)를 만들었고, 뒤이어 프램단(결핵환자 요양소), 쉬슈바반(어린이들을 위한 집), 프렘 니바스(나환우 요양소)를 잇달아 마련했어요.

1980년대부터는 마약 중독자, 매 맞는 여성들을 위한 집 등을 세계 여러 곳에 세웠고 낙태 반대 운동과 함께 입양사업도 꾸준히 전개하고 있어요.

사랑의 선교회는 750명의 회원들이 60여 개의 학교에서 7,500명의 가난한 어린이들을 가르치고 54개의 요양소에서 4만 7,000명의 나환우들을 치료하고 있어요. 또 20여 개의 고아원에서 1,600명의 아이들과 23개의 보호소에서 3,400명의 집 없는 사람들을 보살피고 있어요.

이제는 가난한 나라뿐 아니라 미국 등 선진국으로도 진출해서 부유한 나라에서도 여전히 가난으로 고통받고 있는 사람들을 돕고 있어요.

우리나라에도 사랑의 선교회가 있어요!

▲ 한국 사랑의 선교회 집 마리아님과 마더 테레사

1981년 5월, 마더 테레사가 한국을 방문하게 되면서 당시 서울대교구장이던 김수환(스테파노) 추기경이 사랑의 선교 수녀회를 정식으로 초청했어요. 이로써 같은 해 6월 30일에 세 명의 사랑의 선교회 인도 회원이 우리나라를 방문했고 우리나라에도 사랑의 선교회가 생겼어요.

지금은 빈민가, 병원, 요양소, 교도소, 양로원, 고아원, 재활원 등에 있는 소외된 이들을 찾아 사랑을 실천하고 있어요.

하늘에서 내려온 성녀

　테레사 수녀는 '하느님의 자녀를 시궁창이나 길거리에서 죽어 가게 할 수 없다.'는 생각으로 방을 빌려서라도 죽어 가는 환자들을 돌보아 주었습니다. 아무리 심한 병에 걸렸다고 해도 환자를 내버려 두는 일은 없었습니다.
　죽어 가는 사람들이 편하게 마지막을 보낼 장소가 필요하다고 생각한 테레사 수녀는 콜카타 시청을 찾아가

부탁을 했습니다.

"죽어 가는 사람이 마지막을 편하게 보낼 수 있는 장소를 주세요. 마지막까지 간호 한 번 받지 못하고 비참하게 죽어 가는 사람들이 너무 많습니다."

처음에 시청 직원들은 테레사 수녀의 말을 귀담아 듣지 않았습니다.

"가난한 사람들은 원래 그렇게 살아야 하는데 당신이 왜 신경을 쓰시오?"

테레사 수녀는 그들에게 무릎을 꿇고 간청했습니다.

"가난은 저들의 잘못이 아닙니다. 우리 모두의 잘못입니다. 그냥 빈 창고라도 좋습니다. 비와 바람을 피할 수 있는 건물 하나만 빌려 주십시오."

그렇게 호소하기를 수십 번, 그제야 그토록 무심하던 시청 직원은 콜카타 시의 허락을 얻어 칼리 사원 뒤쪽 빈 건물을 내어 주었습니다. 이 건물이 바로 죽어 가는 사람들의 집인 니라말 히르데이(Nirmal Harday)입니다.

이곳에는 노인이든 젊은 사람이든, 힌두교인이든 가톨릭교인이든 인도인이든 영국인이든 상관없이 아픈 사람들을 받았습니다. 병이 깊어 죽음이 가까이에 다가온 사람들은 수녀들의 따뜻한 돌봄을 받았습니다.

그러나 극단적인 힌두교인들은 가톨릭 수녀들이 힌두교인들을 가톨릭교로 바꾸려 한다며 이를 항의했습니다. 더구나 콜카타 시가 칼리 사원의 순례자 집이었던 건물을 죽어 가는 사람들의 집으로 쓰도록 했기 때문에 힌두교들은 화가 잔뜩 났습니다.

그러던 어느 날 델리의 어느 힌두교 지도자가 각목과 돌을 든 젊은이들을 이끌고 마더 테레사와 수녀들을 칼리 사원에서 몰아내고자 쳐들어왔습니다. 이를 안 테레사 수녀는 조금도 두려운 기색 없이 밖으로 나가 힌두교 지도자에게 인사를 하고, 안으로 들어와서 그녀가 거기서 하는 일을 둘러볼 것을 제안했습니다. 힌두교 지도자가 들어왔다 나오자, 젊은이들이 몰려와서 이제 수녀들을 몰아내도 좋으냐고 물었습니다. 그러자 그는 이렇게 대답했습니다.

"여기 안에서 수녀들이 하는 일을 여러분의 누이와 어머니가 떠맡는다면 수녀들을 내쫓겠소."

그러자 힌두교인들은 더 이상 항의할 수 없었습니다.

마더 테레사는 이렇게 힌두교인, 이슬람교인, 가톨릭교인을 가리지 않고 모두 똑같은 마음으로 돌보았습니다. 그녀의 이런 모습은 사람들의 마음을 열었고, 종교를 떠나 모든 이들이 마더 테레사를 존경하고 사랑하게 만들었습니다.

사랑의 선교 수도회는 인도 각지에 사람들을 도울 수 있는 기관을 만들었지만 테레사 수녀를 찾아올 수 없는 사람들이 있었습니다. 도시에서 멀리 떨어진 곳에 사는 사람들과 수줍음이 많은 이슬람교 여성들이었습니다. 특히 이슬람교 여성들은 남자 의사에게 치료받는 것을 싫어해서 수녀들의 손길이 더욱 필요했습니다.

그때 한 사람이 저축한 돈을 테레사 수녀에게 기부하자 테레사 수녀는 그 기부금으로 이동진료차를 만들었습니다. 그 뒤로 이동진료차를 타고 다니며 시골의 어린이들이나 병원까지 나오기 힘든 사람들, 이슬람교 여성들을 치료해 주었습니다.

그녀가 주로 이동진료차로 돌아다닌 곳은 키다폴이라는 도시였습니다. 키다폴은 세상에서 가장 가난한 도시 중 하나입니다. 그녀는 마을 곳곳을 돌아다니며 제대로 진료를 받지 못했던 사람들을 치료하고 그들의 마음을 위로했습니다.

그렇게 분주하게 가난한 사람들을 돕던 중 어느 마을에 홍수가 났습니다. 인도에서는 자주 있는 일이었습니다. 한 여인이 물에 휩쓸려 떠내려가고 있었습니다. 그 여인의 품에는 조그만 아이가 안겨 있었습니다. 차를 멈춘 테레사 수녀는 옆 사람들이 미처 말릴 사이도 없이 물속으로 뛰어들었습니다. 그리고 가까스로 여인의 팔을 붙잡았습니다. 놀랍게도 테레사 수녀는 무사히 여인과 아이를 구했습니다.

그것을 본 사람들은 역시 테레사 수녀는 하늘이 내린 사람이라고 말했습니다. 그러나 과연 테레사가 하늘에서 내린 사람이라서 일까요? 아닙니다. 엄마와 아이를 구해야겠다는 단 한 가지 생각이 기적을 만든 것이지요.

그녀는 새벽 4시 30분에 일어나 산파들이 데려오는 유아, 쓰레기통에서 건져 오는 죽음 직전의 아기, 그리고 거리에서 쥐와 개미에 몸을 파먹힌 채 죽어 가는 나환자 등 보호가 필요한 곳이면 언제 어디서든 사랑의 손길을 뻗쳤습니다.

그녀의 모습에 감동을 받은 요한 바오로 2세는 인도 콜카타를 방문하여 사랑의 선교회를 둘러보고는 다음과 같은 제안을 했습니다.

"테레사 수녀, 우리 교황청이 사랑의 선교회와 가난한 사람들에게 무엇을 해 주었으면 좋겠습니까?"

테레사 수녀는 바로 대답했습니다.

"가난한 사람들을 위해 바티칸 교황청 건물 일부를 주세요."

교황인 요한 바오로 2세는 당황하지 않을 수 없었습니다. 교황은 2년을 고민하다 1988년 5월에 바티칸의 일부를 테레사 수녀에게 주었습니다. 테레사 수녀는 그곳을 버려진 여성들이 사는 곳으로 만들었습니다.

또 한 가지, 밤낮으로 이동하는 테레사를 위해 교황은 고급 자동차를 한 대 선물했습니다. 물론 테레사 수녀는 그 자동차를 타고 다니지 않았습니다. 테레사 수녀는 곧바로 그 차를 팔았습니다. 그리고 그 돈을 모두 가난한 사람들을 위해 썼습니다.

인도의 종교

　인도는 힌두교, 불교, 자이나교, 시크교가 생겨난 나라예요. 또한 이슬람교, 기독교, 유대교 등 다양한 종교를 믿고 있지요. 인도인들 중에는 신을 믿지 않는 사람이 거의 없고, 집 안에 작은 신당을 차려놓고 매일 기도를 하는 사람들도 아주 많아요.
　인도에서 모든 종교는 국가로부터 동등한 대우를 받고 있어요. 인도 사람들은 어떤 종교를 가장 많이 믿고 있을까요? 바로 힌두교예요. 힌두교를 믿는 사람은 인구의 80.5%로 가장 많고, 이슬람교 13.4%, 기독교 2.3%, 시크교 1.9%, 불교 0.8%, 자이나교 0.4%, 기타 0.7%라고 해요.

인도의 힌두교

　비슈누, 크리슈나, 시바, 파르바티, 가네슈 등 다양한 신을 믿는 힌두교는 인도 사람들의 생활 깊숙이 들어가 있는 종교예요.
　인도의 신분제도인 카스트제도도 바로 이 힌두교에서 나왔어요. 힌두교는 다시 태어나는 '윤회'라는 것을 믿는데, 카스트제도에서 신분이 낮은 쪽에 속해 있는 사람들은 전생에 잘못을 했다고 생각해요.

　힌두교에서는 소고기를 먹지 않아요. 소는 시바 신이 타고 다니는 동물이라 신성하다고 믿기 때문이에요.

　인도에 가면 갠지스 강에서 목욕을 하는 사람을 쉽게 볼 수 있어요. 빨래도 하고 심지어 죽은 사람을 태워서 강 속에 뿌리고 있는 곳에서 사람들이 목욕을 하는 이유는 갠지스 강을 신성하게 여기기 때문이에요. 힌두교인들은 갠지스 강은 비슈누 신의 발뒤꿈치에서 흘러나온 물이라 생각해서 갠지스 강에서 목욕을 하면 그 동안 지은 죄가 모두 씻겨 내려간다고 믿어요.

인도의 이슬람교

　11세기에 이슬람교를 믿는 사람들이 인도 서북부에 침입하여 술탄왕조를 세우면서 인도로 전해졌어요. 지금은 약 1억 2000명의 신도를 가진 인도에서 두 번째로 많은 사람들이 믿고 있는 종교예요.

　이슬람교와 힌두교는 인도에서 여러 번 종교전쟁을 했어요. 하지만 오늘날에는 서로 사이좋게 지내려고 노력하고 있어요.

　이슬람교는 건축, 회화 등 인도 문화를 다양하게 만들었어요. 인도에서 유명한 타지마할도 이슬람 건축물이에요.

인도의 가톨릭교

　AD 1세기 세인트 토마스에 의해 처음 인도에 전해졌어요. 그리고 영국이 지배하던 시대에 인도 남부 지방에 뿌리를 내렸어요. 개신교는 거의 없고 대부분이 테레사 수녀와 같은 가톨릭교를 믿고 있어요.

세상에서 가장 가난한 사람

테레사 수녀는 가난한 사람들을 위해 봉사할 뿐만 아니라, 스스로 가난한 사람이 되기를 원했습니다. 테레사 수녀는 세 벌 옷을 가지고 있었고, 양말을 신지 않고 샌들을 신고 있었으며, 그녀의 집에는 전등과 전화기만 있을 뿐이었습니다. 그것도 모두 최근에 설치하였고, 컴퓨터 같은 것은 아예 없었습니다.

그녀뿐 아니라 그녀가 세운 수도회의 수사들과 수녀들은 모두 가난한 사람이 되었습니다. 수사들은 손목

시계조차 찰 수 없었습니다. 이와 같이 가난한 사람들과 같은 모습으로 봉사하기 때문에 가난한 이들을 더 이해할 수 있었습니다. 그리고 그 수사들과 수녀들에게서 도움을 받는 가난한 사람들도 스스로 존엄성을 느낄 수 있었습니다.

테레사 수녀는 늘 조그마한 상자에 도시락을 싸 가지고 다녔습니다. 어느 날은 점심을 먹을 만한 조용한 장소와 마실 물이 없었습니다. 테레사 수녀는 장소와 물을 구하기 위해 한참을 걷다가 한 수녀원을 발견했습니다.

테레사 수녀는 수녀원의 문을 두드렸습니다.

"조용한 곳에서 점심을 좀 먹게 해 주세요."

문을 열고 나온 수녀는

테레사 수녀가 거지인 줄 알고 뒷문 계단 쪽으로 안내했습니다.
"감사합니다."
테레사 수녀는 나중에 그 당시의 일을 이렇게 글로 썼습니다.

> 하느님은 저에게 모든 것을 버리고 혼자가 되기를 바라셨습니다……
> 걷다가 걷다가 죽을 만큼 피곤해졌을 때, 비로소 나는 가난한 사람들이 먹을 것을 얻기 위해 얼마나 많은 고생을 하고 있는지를 깨달았습니다.

가난한 사람은 수없이 많이 있었고, 그녀의 바람과는 달리 없어지지도 않았습니다. 문명은 발달하는데 가난한 사람은 점점 많아지고 있었던 것입니다. 선진국에서는 값이 나가지 않는다고 밀밭을 비롯한 곡물 밭을 갈아엎는데, 이곳 인도에서는 쌀 한 되를 구하지 못해 많은 아이들이 굶어 죽어 가고 있었습니다.

 테레사 수녀는 가난한 사람을 위해 봉사할 뿐만 아니라, 가난한 사람을 사랑했습니다. 특히 연약한 여성이나 아이들에 대한 그녀의 애정은 끝이 없었습니다.

 테레사 수녀는 아픈 여성과 아이들을 간호하다가 그들이 죽어 가는 것을 많이 보았습니다. 훗날 마더 테레사는 이렇게 말했습니다.

 "죽음은 고향으로 가는 것입니다. 그러나 사람들은 죽으면 어떻게 될지 두렵기 때문에 죽기 싫어합니다. 죽음에 수수께끼가 없다면 두려워하지 않을 것입니다. 양심의 문제도 있습니다. '좀 더 좋을 일을 하면서 살걸', '좀 더 사람들을 사랑할 걸' 하고 말입니다. 우리는 살아왔듯이 죽어 가는 경우를 보게 됩니다. 죽음은 삶의 계속이고 완성입니다.

 종교마다 영원, 즉 죽고 나서의 세상이 있습니다. 이

세상은 끝이 아닙니다. 죽음이 고향으로 하느님을 찾아가는 것일 뿐이라는 사실을 올바로 이해하기만 한다면 그 다음에는 두려움이 없어질 것입니다.

　죽음이란 그들을 사랑하는 유일한 분께로 되돌아가는 것이기 때문에 가난한 사람들이 행복한 모습으로 죽는 것을 보면 아름답습니다. 가진 것이 많은 사람들은, 즉 재산이 많은 사람들은 자기가 가지고 있는 것에 사로잡혀 있습니다. 그들은 가장 중요한 것이 돈이라고 생각합니다. 그래서 그들은 모든 것을 놓고 가기를 싫어합니다. 그러나 아무것도 가지고 있지 않는 사람은 훨씬 쉽습니다. 얽매이는 것이 없으니 편안하게 떠날 수 있기 때문입니다."

　테레사 수녀는 자신이 세상의 가난의 문제를 해결할 수 없다는 것을 알고 있었습니다. 하지만 테레사 수녀는 다만 손을 놓고 기다릴 수가 없어, 가난 속으로 들어가 그들을 돕고 있었던 것입니다.

그녀는 가난한 사람을 돕기 전에 이렇게 기도하였습니다.

하느님, 우리가 가난과 배고픔으로 죽어 가는 우리의 형제, 자매들을 돌보는 사람이 되게 해 주소서. 우리의 손을 통해 저들에게 매일의 양식을 주시고, 우리의 자비로운 사랑으로 저들을 행복하고 즐겁게 하소서.

나병 환자들을 위한 집
(프렘 니바스)

인도에서 나병에 걸린 사람들은 가장 비참하게 버려져 있었어요. 나병은 몸이 점점 썩는 병으로 사람들은 나병이 옮는다고 생각했기 때문에 나병 환자들은 자연스럽게 외톨이가 되었어요. 얼굴이나 몸이 문드러지기 시작하면 가족들 몰래 집을 나와서 숨어서 살기도 했지요.

테레사 수녀를 찾아오는 나병 환자들이 많아지자 테레사 수녀는 많은 나병 환자들을 도울 수 있는 방법을 생각하게 되었어요. 우선 테레사 수녀는 의학을 공부한 수녀들을 연구소에 보내서 나병에 대해 공부를 하도록 했어요. 그리고 나병 환자들 중에서 병을 옮기는 사람은 아주 적다는 것을 알게 되었어요.

그때 반가운 소식이 들렸어요. 철도 회사에서 나병 환자들을 위해 건물을 지을 수 있는 조그만 땅을 기부한다는 것이었어요. 철도 폐기물이 있던 공터에 오두막 몇 채가 세워졌고, 지금은 환자들이 직접 지은 빨강, 파랑, 녹색의 예쁜 집이 가득한 작은 마을이 되었어요. 나병 환자들을 위한 집에는 작업장, 도서실, 치료병동, 학교, 외래 진료소 등이 있어요.

나병 환자들의 집에서 매달 치료받는 환자는 1,300명 정도예요. 1958년부터 이곳에 등록한 환자 수는 3만 8천 명이나 된다고 해요. 그 중 많은 환자들이 더 이상 치료를 받지 않아도 될 만큼 회복되었어요.

자비로운 사랑

테레사 수녀는 늘 기도하려고 애썼습니다. '하느님, 우리를 어려운 이웃을 돕기에 적합한 사람이 되게 하소서……'로 시작하는 기도는 사랑의 선교회에서 매일했던 기도 가운데 하나입니다. 실제로 수녀들은 매

일 몇 시간씩 기도했습니다. 아무리 급한 일이 있어도, 한꺼번에 몇 가지의 일들을 처리하는 중일지라도 기도 시간이 되면 모든 것을 내려놓고 하느님과 조용히 대화를 나누었습니다. 수녀들은 마음이 아프고 힘든 일을 할 때 힘을 주는 것은 잠도 아니고, 음식도 아닌 몰두해서 하는 기도라고 합니다.

마더 테레사는 기도는 소원을 말하는 시간이 아니며 마음 깊은 곳에서 들려오는 예수님의 음성을 듣는 일이라고 말했습니다.

마더 테레사는 기도처럼 늘 겸손했습니다. 남을 도울 때 대부분 사람들은 남에게 호의를 베푼다고 생각합니다. 그러나 마더 테레사는 남을 돕는 일은 호의를 베푸는 일이 아니라 하느님께 은총을 받는 일이라고 말했습니다. 즉, 다른 사람을 돕는다는 것은 도움을 받는 사람의 감사를 기대할 일이 아니라 우리가 감사해야 할 일이라고 말입니다.

오늘날 가난한 사람들에게 가장 필요한 것은 돈이 아니라 마음입니다. 세상은 돈만큼이나 '자비로운 사랑'이 필요합니다. 테레사 수녀는 콜카타로 자신을 찾아온 많은 사람들이 테레사 수녀의 누추한 차림을 보고 놀라자 이렇게 말했습니다.

"오늘날 가장 무서운 병은 나병이나 결핵이 아닙니다. 오히려 자신이 아무짝에도 쓸모가 없으며 모든 사람이 자신을 싫어하고 버렸다는 느낌입니다. 가장 커다란 잘못은 이웃에 대한 무관심입니다."

테레사 수녀는 특히 선진국에 사랑과 나눔이 부족하다고 말했습니다. 또한 고통은 빈민가나 감옥에서만 발견되는 것은 아니며, 이웃 간이나 가정에서 더 쉽게 자리 잡는다고 했습니다. 마더 테레사는 사람들을 향해 조용히 말했습니다.

"자기가 사는 도시, 자기가 사는 지구, 그리고 자기 가족에게 무엇이 부족한가를 알기 위해서는 항상 자기

주위를 주의 깊게 살펴보십시오."

　사랑의 선교회와 수녀들의 봉사활동이 자리를 잡아가는 데 바탕이 된 것은 주변의 작은 일에도 무한한 사랑을 쏟아부었던 마더 테레사의 헌신이었습니다. 하루도 빠짐없이 죽어 가는 사람의 상처에 붕대를 감아 주고, 집 없는 고아에게 밥을 먹이고, 전쟁에 자식을 잃어버린 어머니를 위로했던 마더 테레사는 한 사람이 세상을 바꿀 수도 있다는 사실을 보여 주었습니다. 그녀는 함께 봉사하는 동료들에게 다른 사람의 눈을 신경쓰지 말고 작은 일에 매진하라고 하였습니다.

　또한 마더 테레사는 대단한 일보다 작고 약한 것에 대한 무한한 사랑을 베풀라고 강조했습니다. 해마다 세계 각지에서 찾아드는 수천 명의 자원봉사자들은 마더 테레사와 함께 바닥을 청소하고 환자 소변기를 비우고 아픈 팔다리를 주무르며 일한 뒤, 그곳을 떠날 때쯤에야 비로소 자신이 많이 달라졌다는 것을 깨닫곤

했습니다. 마더 테레사를 도왔던 한 봉사자는 이렇게 말했습니다.

> 나는 마더 테레사의 간소함과 결단력에 깊은 감명을 받았다. …… 수녀님은 모든 인간에게서 예수님의 얼굴을 본다. 수녀님에게 모든 사람은 하느님의 자녀였다.

우리가 마더 테레사를 기억하는 가장 좋은 방법은 남을 돕는 기회를 놓치지 않는 일, 양심에 귀를 기울이고 항상 도움이 필요한 사람을 돌아보며 살아가는 일일 것입니다.

"착한 일을 하면 건강해 진대요!"

● 마더테레사효과

▲ 스코페에 있는 마더 테레사 기념관

다른 사람을 돕는 활동을 통해서 일어나는 정신적, 신체적, 사회적 변화를 마더테레사효과 또는 슈바이처효과라고해요.

1998년 미국 하버드대학교 의과대학에서는 테레사 수녀처럼 남을 위해 봉사활동을 하거나 누군가 착한 일을 하는 것을 보기만 해도 인체의 면역기능(우리 몸으로 들어오는 나쁜 물질들을 없애는 기능)이 크게 향상되는 것을 발견했어요.

사람의 침에는 나쁜 병균으로부터 우리 몸을 지켜주는 면역항체 'Ig A'가 들어 있는데, 걱정이 있거나, 긴장을 하면 침이 말라 이 항체가 줄어들어요.

하버드대학교 교수는 실험 전에 학생들의 'Ig A' 수치를 조사하여 기록한 뒤, 마더테레사의 일대기를 그린 영화를 보여 주고 'Ig A' 수치가 어떻게 변화하였는지를 비교해 보았어요. 실험 결과 'Ig A' 수치가 실험 전보다 높게 나타났어요.

 연구자들은 이 효과에 봉사와 사랑을 베풀며 일생을 보낸 마더 테레사의 이름을 붙였어요.

 면역 기능뿐 아니라 다른 사람들 도울 때 혈압과 콜레스테롤 수치가 낮아지고 엔돌핀이 정상치의 3배 이상 분비되어 몸과 마음이 더 건강해진다고 해요.

테레사 수녀가 만난 사람들

　그녀가 세운 불치병 환자를 위한 시설에 어느 날 죽음이 가까운 환자가 실려 왔습니다.
　환자에게서 나는 악취가 너무도 지독해서 담당하던 남자 봉사자는 구역질을 하며 밖으로 뛰쳐나갔습니다.
　결국 테레사 수녀가 그 환자를 맡게 되었습니다. 고통으로 신음하던 그 환자는 테레사 수녀의 애정 어린 보살핌에 오히려 불편해 하며 큰 소리로 욕을 퍼부었습니다. 누군가에게 도움을 받은 적이 한 번도 없었기 때문입니다. 낯선 여인이 자신을 헌신적으로 보살피는 것을 보고 차츰 마음을 연 환자가 테레사 수녀에게 물었습니다.

"당신은 이 냄새를 어떻게 견딜 수 있습니까?"

테레사 수녀가 온화하게 대답했습니다.

"당신이 느끼는 고통에 비하면 이건 아무것도 아니지요."

테레사 수녀가 오스트레일리아를 방문하였을 때 그녀를 안내하고 통역을 담당한 어느 수사님은 이루 말할 수 없이 기뻤습니다. 평소에 존경하던 마더 테레사를 가까이서 보고 대화를 나눌 수 있게 되었으니 말입니다. 그런데 테레사 수녀가 방문을 마치고 오스트레일리아를 떠나게 되었을 때 수사님은 무척 실망스러웠습니다. 그녀가 너무 바빠서 정작 수사님과는 제대로 이야기를 나눌 기회가 없었던 것이지요. 수사님은 생각하다 못해 테레사 수녀가 가는 다음 나라로 따라가겠다고 하였습니다. 그러자 테레사 수녀가 빙긋 웃으며 말했습니다.

"수사님, 비행기 값은 있으신가요?"

"예, 있습니다. 비행기 값뿐 아니라 비상금으로 모아 놓은 돈도 있습니다."

수사님은 좋아서 단숨에 말했습니다.

"그렇다면 수사님은 그 돈을 가난한 이에게 주십시

오. 그러면 저를 따라다니며 배우는 것보다 더 많은 것을 배울 수 있을 것입니다."

이런 일도 있었습니다. 크리스마스이브인 12월 24일에 콜카타의 번화한 거리는 많은 사람들로 붐비고 있었습니다. 테레사 수녀는 '고아 돕기' 모금함을 들고 어느 술집 안으로 들어갔습니다. 그리고 술을 마시고 있는 사람들에게 부탁했습니다.

"추위와 배고픔에 떨고 있는 고아들을 위해 조금만 도와주십시오."

그러나 선뜻 지갑을 여는 사람이 없었습니다.

"고아들이 어려움을 겪고 있습니다. 부디 마음을 나눠 주세요."

이때 술에 취한 한 남자가 테레사 수녀에게 다가와 맥주를 뿌렸습니다. 그의 동료들은 낄낄대며 웃기 시작했습니다. 그러나 테레사 수녀는 전혀 화를 내지 않고 이렇게 말했습니다.

"저를 위해 맥주를 나눠 주셨군요. 그럼 불쌍한 우리 고아들에게는 무엇을 주시렵니까?"

순간 가게 안에 정적이 흘렀습니다. 그리고 옆 테이블의 아가씨가 다가와 모금함에 돈을 넣었습니다. 여기저기서 사람들도 다가와 돈을 넣기 시작했습니다.

그러자 맥주를 끼얹었던 그 남자도 지갑에서 돈을 꺼내며 얘기했습니다.

"모처럼 좋은 일을 해 보는군."

이때 그의 명함이 바닥으로 떨어지자 테레사는 명함을 돌려주며 말했습니다.

"쿤달리 씨, 불쌍한 고아들이 그 이름을 기억할 것입니다."

그 후 쿤달리는 평생 그 순간을 잊을 수 없었습니다.

테레사는 평생을 가난하게 살았지만 그녀에게 도움

을 구하는 사람들에게 "미안합니다. 당신에게 줄 것이 하나도 없습니다."라고 고백했던 적은 한 번도 없었습니다.

어느 날 인도의 관청에 근무하는 높은 사람이 찾아와서 물었습니다.

"인도를 가난에서 해방시키려면 무엇을 해야 하나요?"

그녀는 바로 대답했습니다.

"가난한 사람들과 함께 나누는 법을 배울 때에만 가능할 것입니다. 우리의 마음이 순수하고 깨끗하지 않다면 우리는 가난한 사람들과 함께 나눌 수 없을 것입니다."

그녀는 다시 말했습니다.

"남는 것을 내게 주지 마십시오. 당신이 가장 아끼고 소중한 것을 주십시오. 가난한 사람들의 고통을 함께 할 수 있는 마음을 달라는 것입니다."

한번은 이런 일이 있었습니다. 테레사 수녀가 거리를 걷고 있을 때, 구걸을 하던 아이가 다가와 말했습니다.
"수녀님, 나도 수녀님께 무언가 드리고 싶습니다. 하지만 오늘 구걸을 해 모은 돈은 이것 밖에 없습니다."
아이는 작은 손에 담긴 동전 하나를 내밀었습니다. 테레사 수녀는 잠시 생각했습니다.
'저 아이는 자기가 가진 전부를 남을 위해 쓰려고 하는구나. 만약 내가 저 돈을 받는다면 저 아이는 오늘

저녁을 굶게 되겠지만, 받지 않는다면 마음의 상처를 얻겠지.'
　테레사 수녀는 아이의 돈을 받았습니다. 그러자 아이의 얼굴은 환하게 빛났습니다. 자기도 무언가 나눌 수 있다는 것이 기뻤던 것입니다.

　테레사 수녀는 항상 그녀보다 더 헌신적인 사랑을 보고 감동하고 배운다고 말했습니다.
　어느 날 한 남자가 찾아와 가까운 곳에 8명의 아이들이 있는 힌두교도 가정이 굶고 있다면서 도움을 요청했습니다. 테레사 수녀는 그날 밤 바로 쌀 한줌을 들고 집을 찾아갔습니다.
　아이들과 엄마는 며칠째 밥을 먹지 못해 기운이 하나도 없었습니다. 테레사 수녀가 아이들의 엄마에게 쌀을 내밀었습니다. 그러나 그 어머니는 쌀을 반으로 나누어서 반을 들고 밖으로 나갔습니다. 그리고 잠시 뒤에 들어왔습니다.

테레사 수녀가 물었습니다.

"어디를 다녀오십니까?"

그녀는 간결하고 분명하게 이야기했습니다.

"옆집 이슬람교도 가정도 끼니를 굶고 있어서 나누어 주고 오는 길입니다."

언제 또 쌀이 떨어질지 알 수 없지만 이웃을 생각하는 그 마음에서 테레사 수녀는 또 한 번 배웠습니다.

어느 날은 테레사에게 같이 봉사활동을 하는 한 수녀가 말했습니다.

"원장님, 저는 세 시간 동안 그리스도의 몸을 만졌습니다."

"어떻게요? 무엇을 했나요?"

"우리는 도착하자마자 시궁창에 빠져 있던 한 사람을

옮겨 왔습니다. 그의 몸은 상처와 구더기로 덮여 있었습니다. 저는 그리스도의 몸을 만지는 것으로 생각하며 씻어 주었습니다. 그 사람이 '나는 아팠어요.'라고 말할 때 저는 실제로 그리스도를 만지는 느낌이었습니다."

테레사 수녀는 기회가 있을 때마다 구걸하던 아이와, 어머니, 수녀의 이야기를 하면서 자신은 아직 너무나 부족하고 더 배워야 한다고 말했습니다.

인도에서의 25년 동안 테레사 수녀의 손에서 죽어간 사람이 25,000명이라고 합니다. 테레사 수녀가 만난 사람들은 대부분 빈민 중에서도 가장 비참한 빈민들, 버려지고, 아픈 사람들이었습니다.

매일 가장 비참한 사람들 속으로 들어가며 테레사 수녀는 그들에게서 배우려고 노력했습니다. 가난하고 아픈 사람들도 하느님이 만든 귀한 사람들이라고 믿었기 때문입니다.

테레사 수녀의 9가지의 좌우명

테레사 수녀는 늘 다음의 9가지의 좌우명을 외우며 기도했습니다.

하나 사람들은 가끔 자기만 생각하며 이기적이게 굴 수도 있다.
그래도, 그들을 용서하라.

둘 만약 내가 친절할 때, 사람들은 그것을 이용할지도 모른다.
그래도 친절하라.

셋 만약 내가 성공한다면, 적이 생길 수 있다. 그래도 성공하라.

넷 만약 내가 정직하고 신실할 때, 사람들은 나를 속일 것이다.
그래도 정직하고 신실해져라.

다섯 내가 수년 동안 만든 것들을 다른 사람들은 한순간에 망가뜨릴 수 있다.
그래도 계속 만드는데 힘써라.

여섯 만약 내가 마음에 평온과 행복을 찾게 됐을 때, 누군가 그것을 질투할 것이다.
그래도 행복하라.

일곱 내가 한 착한 일이 가끔 잊혀질 지라도……. 착한 일을 계속 하라.

여덟 최선을 다해도, 그것은 결코 충분하지 못할 것이다.
그래도 최선을 다하라.

아홉 마지막 날에, 그것은 나와 신에 관한 이야기일 뿐,
나와 그들 사이의 문제는 될 수 없다.

테레사 수녀가 남긴 말

마더 테레사가 했던 한 마디 한 마디의 말에 많은 사람들을 감동했어요.

하나 어떠한 음식도 먹지 못하는 사람들보다. 사랑받고 있지 못하며
아무도 돌보아 주지 않는 사람들이 훨씬 더 배고프며. 훨씬 더 가난하다.

둘 진실된 사랑을 하기 위해서. 특별하여야 한다고 생각하지 말라.
우리에게 필요한 것은 지치지 않고 사랑하는 것이다.

셋 열정적인 사랑은 계산하지 않는 것이다.
열정적인 사랑은 오직 주는 것이다.

넷 작은 일에 충실하라.
작은 일로부터 네 힘이 비롯되기 때문이다.

서로 사랑하세요

어느 날, 마더 테레사는 돈이 많은 있는 사업가들 앞에서 강연을 했습니다.

그들은 마더 테레사의 강연 내용에 깊은 감명을 받았고 그녀에게 돈을 기부하고 싶다고 말했습니다.

그러자 마더 테레사는 다음과 같이 대답했습니다.

"집으로 가서 여러분의 배우자와 아이들을 사랑하십시오. 여러분의 마음을 가족에게 주십시오. 함께하고,

따듯하게 대하고, 시간을 만들고, 이야기를 들어 주고, 말해 주세요. 그것은 수표에 서명하는 것보다 훨씬 쉬운 일입니다. 멀리 있는 사람들을 사랑하는 것은 쉽습니다. 당신의 집 안에서 사랑받지 못하는 사람의 외로움과 아픔을 없애 주는 일보다 다른 사람에게 한 줌의 쌀을 주는 것이 더 쉽습니다. 여러분이 가는 곳마다 사랑을 퍼뜨리십시오. 제일 먼저 여러분의 가정에서 그렇게 하십시오. 자녀들에게 사랑을 주고 아내나 남편에게 사랑을 주고 이웃집에도 사랑을 주십시오. 여러분을 만난 사람들이 더 선해지고 더 행복한 마음으로 여러분을 떠나게 하세요.

하느님의 온유함을 생생하게 드러내십시오. 여러분의 미소에, 여러분의 따뜻한 인사에 그 온유함을 보여 주십시오. 사랑은 가정에서 시작되어 가정에서 지속됩니다. 가정은 우리 각자가 처음으로 사랑하고 헌신하고 봉사하는 현장입니다. 사랑은 가정에서 시작됩니다. 평화도 가정에서 시작됩니다. 사랑이 있는 곳에는 평화가 있으며 기쁨이 있습니다. 서로에게 미소 지으십시오. 아내에게, 남편에게, 부모님에게, 자녀들에게 미소 지으십시오. 상대가 누구더라도 여러분이 미소 지으면 여러분 안에 깊은 사랑이 자라는 데 도움이 될 것입니다.

우리와 가장 가까운 사람들, 우리 가족들을 사랑해야 합니다. 그곳에서 우리를 필요로 하는 사람들을 향한 사랑이 퍼져 나갑니다. 요즘 세상은 뒤죽박죽이 된 것 같습니다. 가정에 사랑이 없는 것은 너무나 가슴 아픈 일입니다. 아이들을 위한 시간도 내지 못하고 서로를 위해 내어 줄 시간도 없습니다.

열두 명의 아이를 둔 어느 인도인 어머니가 생각납니다. 그 아이들 중 막내아이는 심한 장애아였습니다. 그 아이의 신체적, 정신적 상태는 말로 설명하기조차 어려울 정도로 심했습니다. 제가 그 아이를 우리 시설로 데려가면 어떻겠느냐고 물었습니다. 우리에겐 그런 아이들을 보살필 수 있는 시설이 있었습니다. 그러자 그 아이의 어머니는 눈물을 흘리며 말했습니다.

'수녀님, 제발 그런 말씀 마세요! 이 아이는 하느님께서 우리 가족에게 주신 제일 큰 선물입니다. 우리 모두 이 아이에게 사랑을 쏟고 있습니다. 수녀님께서 이 아이를 데려가신다면 우리 삶은 아무런 의미가 없을 것입니다.'

영국을 방문했을 때 노인들을 위한 시설을 찾아갔던 기억도 납니다.

무척 아름답고 훌륭한 그 시설에는 40명이 살고 있었고 아무 부족함 없이 깨끗하고 잘 정리된 환경이었습니다. 음식도 좋았고 직원들은 잘 훈련된 유능한 사람들로, 노인들이 조금의 불편도 느끼지 않도록 세심하게 배려했습니다.

그러나 제가 또렷이 기억하고 있는 것이 또 있습니다.

그것은 그곳에 거주하는 노인 분들이 전부 무표정한 얼굴로 문에서 시선을 떼지 못하고 있었다는 점입니다.

저는 그곳에서 일하는 분에게 물었습니다.

'웃는 분이 한 분도 없군요. 그리고 왜 저분들은 문

쪽을 계속 보고 계십니까?'
 '당신들을 찾아올 사람들을 기다리고 계신 겁니다. 혹시나 하시면서 아들이나 딸, 가족 또는 친구……. 누군가 저 문으로 들어오는 꿈을 꾸시는 겁니다.'

그분들의 외로움은 가난을 표현하는 것이었습니다.

가족과 친지들에게 버림받은 자신을 보면서 느끼는 가난입니다.

외로운 노인들이 가장 절실하게 느끼는 가난입니다.

기쁘게 내어 주는 사람이 가장 많이 주는 사람입니다. 사랑은 우리가 가진 가장 좋은 것을 내어 주는 것입니다.

콜카타에 있는 마더 테레사 하우스

▼ 콜카타, 테레사 무덤

콜카타에 있는 마더 테레사 하우스에는 봉사활동을 하기 위해 이곳을 찾은 사람들 한켠에 마더 테레사의 무덤이 있어요. 해마다 많은 사람들이 이곳에 와서 가난한 사람들의 어머니였던 마더 테레사를 떠올린답니다.

마더 테레사의 묘비에는 이렇게 쓰여 있어요.

> LOVE ONE ANOTHER AS I HAVE LOVED YOU
> 내가 너희를 사랑한 것처럼 서로 사랑하라 요 15:12

마케도니아에 있는 테레사 수녀 기념관

마케도니아 스코페에서 태어난 노벨 평화상 수상자, 테레사 수녀를 기리기 위해 마케도니아 정부에서는 기념관을 세웠어요. 테레사 수녀 기념관은 테레사 수녀가 세례를 받은 '예수 성심 성당' 터에 세워졌어요. 마케도니아 수상인 니콜라 그루에브스키가 개관식을 주관하였고, 국외 대표단, 가톨릭 교회, 마케도니아 정교회 등에서 참석해 문을 열었어요. 개관 후, 삼 주 동안 12,000여 명이 방문하였다고 해요.

테레사 수녀 기념관은 테레사 수녀가 살던 곳을 현대적으로 해석해서 설계해 놓았어요. 박물관, 갤러리 등의 공간이 마련되어 있으며, 테레사 수녀의 유품을 볼 수 있어요.

노벨 평화상

테레사 수녀는 1979년에 노벨 평화상을 받았습니다. 말콤 머거리지는 1971년에 쓴 《하느님께 아름다운 것》에서 테레사 수녀에 대해 이렇게 말했습니다.

테레사 수녀는 체구도 자그마하고, 주머니엔 달랑 몇 루피가 전부다. 남달리 똑똑하지도 않고, 다른 사람을 설득하는 기술이 특별히 뛰어나지도 않다. 그녀는 다만 심장과 입술에 그리스도의 사랑을 가득 담고 있을 뿐이다.

그녀가 노벨 평화상을 받는 자리에는 세계의 모든 방송국들이 총출동하였습니다. 그녀의 특별한 한 마디를 듣기 위해서였지요.

시상식이 시작되고, 테레사 수녀가 앞으로 걸어 나왔습니다. 요란한 박수 속에서 영광스러운 상을 받기 위해 나온 테레사 수녀는 조심스레 단상 위에 섰습니다. 테레사 수녀의 얼굴에는 깊은 주름살이 져 있었지만 눈은 부드럽게 빛났고, 입가에는 평화로운 미소가 감돌고 있었습니다. 마더 테레사가 연설을 시작했습니다.

"오늘 이 자리에 우리가 함께 할 수 있음을 신께 감사드립니다. 우리에게 평화의 선물을 일깨워 주시고 우리가 평화로운 삶을 살아갈 수 있음을 일깨워 주신 신께 감사드립니다.

예수님은 가난한 사람들에게 기쁜 소식을 전해주기 위하여 사람으로 이 세상에 오셨습니다. 그는 우리의 죄를 사하기 위하여 사람으로 변하여 이 세상에 온 존재입니다. 그리고 그는 우리에게 기쁜 소식을 전하기 위하여 이 세상에 온 것이라고 매우 확실하게 말씀하셨습니다.

신은 이 세상을 사랑하였기에 그는 아들을 이 세상에 보내었습니다. 조건 없이 그의 아들을 그저 주었습니다.

그는 위대한 사랑으로 인해 십자가에서 죽어 갔습니다. 그는 당신을 위해서 죽었고 나를 위해서 죽었으며 나병 환자들을 위해서 죽었고 콜카타뿐만 아니라 아프리카에서도 뉴욕에서도 런던에서도 오슬로에서도 길거리에 누워서 헐벗은 채로, 배고픈 채로 굶주리는 사람들을 위해 죽었습니다. 그리고 예수님은 그가 우리 한 사람 한 사람을 사랑한 것처럼 우리 또한 다른 사람들을 사랑하여야 한다고 말하였습니다.

우리는 사랑하기 위해 태어났으며 사랑받기 위해 태

어났습니다.

　우리는 성경에서 분명하게 읽을 수 있습니다. '내가 너희를 사랑한 것처럼 너희도 서로 사랑하여라', '아버지가 나를 사랑한 것처럼 나도 너희를 사랑한다', '나는 너를 사랑한다' 그리고 그는 우리가 어떻게 다른 사람을 사랑할 수 있는지 보여 주기 위하여 그의 아들을 우리에게 주었습니다. 우리 또한 비록 사랑으로 인해 다치는 한이 있더라도 우리는 서로에게 사랑을 주어야 합니다.

　가난한 사람들은 매우 훌륭한 사람들입니다. 그들은 우리에게 아름다우며 소중한 것들을 가르쳐 줍니다. 그들은 어쩌면 어떠한 먹을 것도 가지고 있지 않은 사람들입니다. 그들은 어쩌면 그들이 살 수 있는 집도 가지고 있지 않은 사람들입니다. 그러나 그들은 훌륭한 사람들입니다.

　어느 날 저녁 도랑에서 사는 아픈 사람을 만났습니

다. 우리는 그를 병원으로 데려갔습니다. 그녀는 이렇게 말했습니다.

'나는 길거리에서 동물처럼 살아왔습니다. 그러나 내가 사랑을 받았고 보살핌을 받았기에 나는 천사처럼 죽어갈 것입니다.'

누구도 비난하지 않고 누구도 저주하지 않으며 누구와도 비교하지 않고 그렇게 죽어 갈 수 있는 사람을 보는 것은 놀라운 일이었습니다. 그는 천사와도 같았습니다. 이것은 우리 인간의 위대함입니다.

우리가 서로를 사랑할 수 있는 능력은 신이 우리에게 주신 선물입니다.

예수님을 위해 사랑합시다. 그가 우리를 사랑한 것처럼 우리도 서로 사랑합시다. 우리도 완전한 사랑으로 그를 사랑합시다. 그리고 그분을 사랑하는 기쁨으로 서로를 사랑합시다. 지금 우리의 사랑을 나눕시다. 크리스마스가 이렇게 가까이 왔을 때 우리의 사랑을 나눕시다. 우리들의 마음에 예수님의 사랑의 기쁨을 가득 차오르게 합시다. 그리고 우리가 만나는 모든 생명과 사랑의 기쁨을 함께합시다.

빛을 내뿜는 기쁨은 현실이 됩니다. 예수님은 우리의 마음에 있습니다. 예수님은 우리가 만나는 가난한 사람들에게 있습니다. 예수님은 우리가 준 미소에 있으며 우리가 받은 미소에 있습니다. 우리 모두 이것을 실천합시다. 그리고 항상 서로에게 미소로 대합시다. 서로에게 미소를 베풉시다.

여러분에게 신의 축복이 있기를!

그리고 그녀는 다음과 같이 기도하였습니다.

주님 저를 평화의 도구로 써 주소서.
미움이 있는 곳에 사랑을
다툼이 있는 곳에 용서를

분열이 있는 곳에 진리를
그릇됨이 있는 곳에 일치를
의혹이 있는 곳에 믿음을
절망이 있는 곳에 희망을
어둠이 있는 곳에 빛을
슬픔이 있는 곳에 기쁨을
가져 오는 사람이 되게 하소서.

노벨평화상은?

스웨덴의 화학 기술자 알프레도 노벨(Alfred B. Nobel)은 광산에서 사용할 수 있도록 다이너마이트 폭탄을 발명했어요. 하지만 그 다이너마이트는 전쟁에 사용되었고, 노벨이 만든 다이너마이트로 수많은 사람들이 죽게 되었어요.

노벨은 어마어마한 부자가 되었지만 죄책감에 빠졌고, 죽기 전에 자신의 재산을 전부 기부하기로 했어요. 그리고 1895년 11월 27일 '인류 복지에 가장 구체적으로 공헌한 사람들에게 나누어 주도록' 이라는 유언장을 남기고 유산 약 3100만 크로네를 스웨덴의 왕립과학아카데미에 기부하였어요. 이에 따라 스웨덴 왕립과학아카데미는 이 유산을 기금으로 노벨재단을 설립하고, 기금에서 나오는 이자로 1901년부터 노벨상을 수여하고 있어요.

노벨상은 물리학, 화학, 생리·의학, 문학 및 평화, 경제학의 6개 부문으로 나누어, 해마다 각 선출기관이 결정한 사람에게 상금을 수여해요. 물리학과 화학상은 스웨덴 왕립과학아카데미, 생리·의학상은 스톡홀름에 있는 카롤린의학연구소, 문학상은 스웨덴·프랑스·에스파냐의 세 아카데미, 평화상은 노르웨이 국회가 선출한 5인위원회가 선정해요.

각 선출단체는 소속 의원, 과거의 노벨상 수상자, 각국의 학자·작가에게 후보자 추천을 의뢰하고, 추천서를 접수한 각 단체는 극비리에 몇 사람으로 구성된 위원회에서 심사한 후 발표해요.

수상식은 노벨의 사망일인 매년 12월 10일에 스톡홀름과 노르웨이의 오슬로에서 진행해요. 수상자는 시상식 후 6개월 안에 수상 업적에 관한 강연을 해야 해요.

수상자로는 물리학상과 화학상의 두 부문을 수상한 마리 퀴리(프랑스), 문학의 어니스트 헤밍웨이(미국), 평화상의 알베르트 슈바이처(프랑스), 마더 테레사(인도) 등이 있어요.

2000년 노벨 평화상은 한국과 동아시아에서 민주주의와 인권을 위해, 그리고 특히 북한과의 평화와 화해를 위해 노력한 김대중 대통령이 한국인 최초로 수상했어요.

노벨평화센터

2005년에 문을 연 노벨평화센터는 노벨 평화상 시상식이 열리는 오슬로 시청사 앞에 지어졌어요. 이곳에는 노벨 평화상의 역사와 역대 수상자에 관한 자료를 전시하고 있어요. 한국인 최초의 수상자인 김대중 전 대통령을 비롯하여 앙리 뒤낭, 마더 테레사, 넬슨 만델라, 달라이 라마, 버락 오바마 등의 역대 수상자들의 자료가 전시되어 있어요.

▲ 2000년 노벨 평화상을 받은 김대중 대통령

마더 테레사가 우리에게 남긴 것

　사랑의 선교 수녀회가 사랑의 열매들을 맺었지만 정작 그녀 자신의 몸은 급격히 허약해지기 시작했습니다. 1996년 여름 말라리아와 고열, 심장병과 폐질환 등으로 사경을 헤매던 그녀를 치료했던 의사는 구부린 자세로 환자들을 돌보아 온 오랜 봉사활동이 질환의 원인이라고 진단했습니다. 당시 병상에 누워 있던 테레사 수녀를 위해 인도의 힌두교도와 이슬람교도는 말할 것도 없고 전 세계인들이 쾌유를 빌어 세상이 떠들

썩한 적도 있습니다. 많은 사람들의 기도 덕분인지 테레사 수녀는 며칠 만에 눈을 떴습니다. 테레사 수녀는 병원에서 인공호흡기를 떼자마자 "병원비가 꽤 많이 나왔을 텐데……."라며 병원비 걱정부터 했습니다.

더욱이 그해 11월에 또 다시 심장마비로 입원했을 때는 "가난한 사람들처럼 그냥 죽어 가게 해 달라."고 간청해 의료진들이 당황했습니다.

마더 테레사는 1997년 9월 6일 87세의 나이로 이 세상을 떠났습니다.

테레사 수녀는 그 작은 체구로 50년 넘게 빈민가를 지키며 세상 모든 사람들에게 위대한 사랑을 가르쳐 주고 세상을 떠났습니다. 그녀는 우리 곁을 떠나면서 다음과 같은 메시지를 남겼습니다.

"가난한 이들이 바라는 것은 의식주가 아니라 따뜻한 손길입니다. 그들을 괴롭게 하는 것은 가난 때문에 버림받는 것입니다."

마더 테레사가 숨을 거두자, 전 세계의 가난한 사람들은 마치 어머니를 잃은 듯이 슬퍼하였고, 세계 각국에서 마더 테레사를 추모하는 기도와 묵념을 올렸습니다.

가난한 이들의 어머니 마더 테레사의 장례식이 열린 성베드로 광장에는 무려 30여만 명의 군중이 몰려들었습니다.

가톨릭교도와 힌두교도, 이슬람교도들이 함께 손을 잡고 행렬을 따랐으며, 거리에 늘어선 사람들은 기도를 드리며 슬픔의 눈물을 흘렸습니다. 500여명의 사랑의 선교회 회원들이 흰색에 푸른 줄이 있는 고유의 수도복을 입고 참석했고, 맨 앞줄에는 3,500명의 가난한 사람들이 초청돼 자리를 잡았습니다. 또 동방교회 대표단과 알바니아의 2개 이슬람 공동체가 참석했습니다. 그녀는 가톨릭교도뿐만 아니라 다른 모든 종교인들의 존경과 사랑을 받았던 것입니다.

　열화와 같은 환호 속에서 장례식은 인도의 전통 춤과 노래들이 펼쳐지면서 축제 분위기가 됐습니다. 이어 젊은 여성들이 마더 테레사의 유해를 제단 앞까지 옮기는 행렬이 이어졌습니다. 장례식은 인도의 전통적인 경배 형식에 따른 예식이 거행됐는데 갖가지 색의 사리를 입은 인도 여성들이 꽃과 불을 봉헌했습니다.

　교황은 9월 5일을 마더 테레사 축일(하느님, 그리스도, 성인 등에 특별한 공경을 드리기 위하여 교회에서 제정한 날)로 선언했습니다. 이날 미사는 50개국에 생중계로 방송됐고 시복식 미사에 초청된 가난한 사람들은 미사 후 사랑의 선교회 총장인 니르말라 수녀와 바오로 6세 홀에서 함께 점심 식사를 하였습니다.

　테레사 수녀가 죽기 6개월 전인 1997년 3월 테레사의 후임으로 임명된 니르말라 수녀는 "테레사 수녀가 우리에게 남긴 것은 그녀와 마찬가지로 우리 모두가 성인이 될 수 있다는 확신"이라고 말했습니다.

작은 빛 하나가 꺼졌지만, 작은 빛은 더 많은 빛을

남겼습니다. 테레사 수녀의 이야기를 아는 우리 모두가 가난하고 아픈 사람에게 작은 빛이 될 수 있을 것입니다.

테레사 수녀의 한국 방문

첫 번째 방문

　1981년 5월 3일에 테레사 수녀는 한국에 처음 방문했어요. 전 대구대교구장 서정길 대주교의 초청으로 이루어진 첫 방문이었어요. 테레사 수녀의 손에는 성서와 묵주, 잿빛의 작은 헝겊가방만 들려 있었어요. 테레사 수녀는 이미 만난 적이 있었던 김수환 추기경과 손을 맞잡고 따스한 눈인사를 나누었어요. 교황대사였던 루치아노 안젤로니 대주교, 프란즈페 주한 인도대사, 수도장상연합회장 황우경 수녀 등 성직자와 수도자, 평신도 5백여 명의 환영 속에 도착한 테레사 수녀의 첫 마디는 "가난하고 병들어 외롭게 죽어 가는 이들을 돌보며 사랑하는 일"을 하라는 것이었어요.

　도착 직후 가진 기자회견에서도 테레사 수녀는 "1979년 노벨 평화상 수상은 수많은 가난한 사람들의 이름으로 받은 것"이라며 "사랑의 선교회가 벌이고 있는 봉사활동은 그리스도의 사랑을 실천하는 것"이라고 말했어요.

　이어진 기자회견과 강연, 사회복지시설 방문, 절두산 순교성지 방문 등 빡빡한 일정 속에서도 테레사 수녀는 따스한 미소를 잃지 않았어요.

　기자회견에서 "가난을 구제할 수 있는가?"라는 한 기자의 질문에 테레사 수녀는 "여러분과 내가 가난을 나눌 때 벌써 가능하다"고 답했어요. 그러면서도 테레사 수녀는 "한국의 이 도시에서 만이라도 아무도 고독하고 버림받은 상태에서 죽어 가는 일이 없도록 사랑을 실천한다면 세상의 가난은 사라질 것"이라고 말해 평생 '가난'과 함께해 온 수도자의 모습을 보여 주었어요.

두 번째 방문

두 번째 방문은 무척 짧았어요. 불과 18시간 동안이었지요. 1982년 4월 28일 오후 4시10분 김포공항을 통해 혼자서 한국에 들어온 테레사 수녀는 이튿날 오전 10시 30분 마카오로 떠나기까지 만 하루도 못 되는 시간 동안 사랑의 선교 수녀회에 머물렀어요. 기자회견에서 한 기자가 테레사 수녀에게 물었어요.

"수행원도 없이 혼자 들어오셨습니까?"

그러자 테레사 수녀는 다음과 같이 대답했어요.

"그리스도와 함께 왔습니다."

세 번째 방문

세 번째 방문은 1985년 1월 26일부터 31일까지 5박6일간의 일정으로 이루어졌어요. 가장 긴 방문이었지요. 중국 방문에 이어 이루어진 3차 방문에서 테레사 수녀는 판문점에 가서 북한에도 평화의 빛이 비추어지기를 간절히 기도했어요.

26일 오후 8시30분 타이항공편으로 김포공항에 도착한 테레사 수녀는 경기도 안양에 있던 사랑의 선교 수녀회 분원에 머물면서 안양 라자로 마을을 찾아 1백여 명이 나병환우들을 위로하는 등 바쁜 일정을 보냈어요.

마더 테레사

(1910년 8월 26일 – 1997년 9월 5일)

연대	나이	테레사 수녀의 생애와 업적	세계의 역사
1910	1세	8월 26일, 유고슬라비아(현재는 마케도니아)의 스코페에서 태어남	
1919	9세	아버지가 세상을 떠남	·한국, 3.1 독립 운동이 일어남
1928	18세	아일랜드의 로레토 수녀회에 들어가 인도를 향해 출발함	
1929	19세	수녀가 되어 이름을 테레사로 바꿈 수련 수녀로서 히말라야 기슭의 다르질링에서 수련함	세계 경제 공황이 시작됨
1931	21세	수녀로서 첫 서원을 함. 로레토 수녀원 부속 성마리아 여학교에서 학생들을 가르침	만주 사변 일어남
1937	27세	종신 서원을 하고, 성마리아 여학교의 교장이 됨 또 수녀원 밖에 있는 성테레사 여학교에서도 학생들을 가르침	미얀마가 인도에서 독립함 중·일 전쟁 일어남

연대	나이	테레사 수녀의 생애와 업적	세계의 역사
1946	36세	다르질링으로 향하는 열차 안에서 '가난한 사람들 중에서도 가장 가난한 사람들을 위해 일하라.'는 하느님의 음성을 들음	파리 평화 회의 열림
1948	38세	빈민가로 나가 일하기 위해 로레토 수녀원을 떠남 흰색 사리를 입고, 콜카타의 빈민가로 나가 가난한 사람들을 위해 활동을 시작함	'세계 인권 선언'이 발표됨 대한민국 정부 수립
1949	39세	최초의 협력자 아네스 수녀가 테레사 수녀의 활동을 도움	
1950	40세	국적을 유고슬라비아에서 인도로 옮김 '사랑의 선교회'가 로마 교황으로부터 정식 수도회로 인가를 받음	6.25전쟁이 일어남
1952	42세	거리에서 죽어 가는 사람들을 수용하는 '영생의 집'을 설립함	미국, 수소 폭탄 실험에 성공함
1955	45세	'고아의 집'을 설립함	
1959	49세	티타가르에 나병 환자를 위한 진료소를 세움	
1969	59세	나병 환자를 위한 '평화의 마을'을 건설함	아폴로 11호가 달에 착륙함
1975	65세	'사랑의 선교회' 창립 25주년. 시설 수는 인도 국내에 61개, 해외에 27개가 됨	베트남 패망함
1979	69세	노벨 평화상 받음	소련, 아프가니스탄 침공
1989	76세	'사랑의 선교회' 수도원은 인도에 159개 해외에 230개가 됨	베를린 장벽 붕괴됨
1997	87세	심장병으로 쓰러져 세상을 떠남	

생각나무 키우기

아홉 가지 질문을 깊이 생각하고 생각을 정리해서 글로 써 보세요.
여러분의 생각 나무가 쑥쑥 자라날 거예요.

1 마더 테레사가 조국을 떠나서 평생 동안 봉사를 한 나라는 어디인가요? 마더 테레사가 그 곳에 갔을 때, 그곳은 어떤 상황이었나요?

_____
_____
_____

2 마더 테레사가 받은 노벨 평화상은 어떤 사람에게 주는 상인가요? 노벨 평화상에 대해 알고 있는 것을 자유롭게 써 보세요.

_____
_____
_____

3 책 속에서 마더 테레사를 '빛'이라고 비유해서 말했습니다. 빛의 따뜻하고, 환한 이미지가 마더 테레사와 닮았기 때문입니다. 마더 테레사를 다른 것에 비유해 보고 그 이유를 적어보세요.

_____
_____
_____

4 마더 테레사는 실제로 가난한 사람이 되었어요. 왜 가난한 사람이 되어서 다른 사람들을 도왔을까요?

_____
_____
_____

5 사랑의 선교회는 어떤 일을 하나요? 사랑의 선교회가 돕고 있는 사람들은 어떤 사람들인가요?

_____
_____
_____

6 칼리 사원의 힌두교 신자가 종교적인 문제로 '영생의 집' 수녀들을 쫓아내려고 하자 마더 테레사는 어떻게 했나요? 그 후 어떻게 되었나요?

_____
_____
_____

7 노벨 평화상은 어떤 사람에게 주는 상인가요? 노벨 평화상을 받고 마더 테레사는 만찬회를 취소해달라고 부탁했어요. 왜 그랬을까요?

_____
_____
_____

8 마더 테레사가 한 말 중 가장 인상 깊은 것은 어떤 것인가요?

_____
_____
_____

9 만약, 내가 기자가 되어 마더 테레사를 만난다면 가장 물어 보고 싶은 질문은 무엇인가요? 그 질문에 마더 테레사는 뭐라고 대답했을까요?

_____
_____
_____